Sonidos a mi alrededor

Matthew Gose

Traducción al español: José María Obregón

Rosen REAL READERS en español

Rosen Classroom Books & Materials
New York

Las campanas tocan.

El reloj hace tictac.

Las personas hablan.

El gato maúlla.

La lluvia golpea sobre
el automóvil.

El estéreo toca música.

Palabras que debes saber

(el) automóvil

(el) estéreo

(la) lluvia

(el) reloj